LOS PRECIOS DE TRANSFERENCIA Y SU RELACIÓN CON EL PRINCIPIO DE PLENA COMPETENCIA EN NICARAGUA

ALFREDO ANTONIO ARTILES MENDIETA

authorHOUSE

AuthorHouse™ UK
1663 Liberty Drive
Bloomington, IN 47403 USA
www.authorhouse.co.uk
Phone: UK TFN: 0800 0148641 (Toll Free inside the UK)
       UK Local: (02) 0369 56322 (+44 20 3695 6322 from outside the UK)

Published by AuthorHouse 05/10/2023

ISBN: 979-8-8230-8147-4 (sc)
ISBN: 979-8-8230-8146-7 (e)

«En el mundo tendréis tribulaciones, pero no os preocupéis, yo he vencido al mundo».

Jesucristo

*Agradecimiento especial al Dr. Jairo José Guzmán García
por todos sus siempre acertados consejos.*

Biografía De Alfredo Antonio Artiles III Mendieta

Alfredo Antonio Artiles Mendieta nació en Nicaragua. Hijo de padres nicaragüenses, Alfredo Antonio Artiles II Larios y Sara de Lourdes Mendieta Hernández, padres también de seis más hijos: Álvaro Antonio, Alexis Antonio, Arnoldo Antonio, Laura María, Sara María y Ariel Antonio.

Ha dedicado su vida profesional a asesorar organizaciones del sector privado y público, principalmente en temas financieros, específicamente en fusiones y adquisiciones. Ocupó quince años el puesto de socio director y CEO de KPMG en Nicaragua (2008-2022) y Gerente Regional de servicios de transacciones en PwC Costa Rica (2005-2007).

También ocupó el cargo de presidente de la Cámara de Comercio Americana (AMCHAM) en Nicaragua (2014-2015) y fue presidente del Consejo Empresarial de América Latina en Nicaragua (CEAL) (2022-2023). Fue Tesorero de la Federación Nacional de Ajedrez de Nicaragua (2012-2013).

Estudió una licenciatura en finanzas y una licenciatura en administración de empresas (1999). También tiene una maestría en economía (2002) y su investigación jurídica (2016) del doctorado en Derecho, con especialización en derecho constitucional. Es Contador Público Autorizado y habla perfectamente alemán, inglés y español.

Durante los últimos años se ha dedicado a publicar, de manera recurrente, artículos en su columna en el Diario La Prensa (Para líderes) sobre temas de valores, ética profesional, y disciplina laboral. Lo anterior, principalmente para jóvenes profesionales. También ha sido invitado como expositor en eventos internacionales en los Estados Unidos de América, Costa Rica, Guatemala, Panamá, Argentina, Suiza, Egipto, y en Nicaragua, entre otros. Él reconoce que gran parte de los aciertos de su carrera profesional es producto de benefactores que han sabido acompañarlo, al igual que la formación en valores y el ejemplo que siempre les dieron sus padres a todos sus hijos.

Actualmente, vive en Estocolmo, Suecia con su esposa Doña Arlen Vallecillo de Artiles con quien ha felizmente procreado seis hijos, todos nicaragüenses: Alfredo Antonio, Verónica Alejandra, María José, Vanessa María, Alejandro Antonio y Mariana de los Ángeles.

Este libro es parte de la Biblioteca de la Familia Artiles y todo el dinero que se recaude será donado a obras de beneficencia.

TABLA DE CONTENIDOS

Prólogo

El 1 de enero de 2013 entró en vigor en Nicaragua la Ley No. 822, «Ley de Concertación Tributaria». Esta ley tiene como objetivo «crear y modificar los tributos nacionales internos y regular su aplicación, con el fin de proveerle al Estado los recursos para financiar el gasto público». Es con esta ley que se introduce en Nicaragua la legislación aplicable a los Precios de Transferencia, cuya entrada en vigor, de conformidad con el Artículo 303, sería el 1 de enero de 2016. No obstante, su implementación fue postergada para el 1 de enero de 2017.

Mediante esta investigación queremos analizar la relación existente entre el Principio de Plena Competencia en Nicaragua y la legislación aplicable a los Precio de Transferencia contenida en la Ley No. 822 de 1 de enero de 2013. Finalizamos presentando los aportes sobre Precios de Transferencia y su primera adopción.

Aunque la rama del Derecho Tributario en Nicaragua ha sido objeto de múltiples investigaciones, el tema de los Precios de Transferencia por su novedad, no ha despertado una atención especial. Con este trabajo hacemos una contribución para participar en el debate y motivar a otros investigadores para que se involucren en el desarrollo del país a través de la implementación de la legislación relacionada con los Precios de Transferencia.

RESUMEN

El 1 de enero de 2013 entró en vigencia en Nicaragua la Ley No. 822, «Ley de Concertación Tributaria». Esta ley tiene como objetivo «crear y modificar los tributos nacionales internos y regular su aplicación, con el fin de proveerle al Estado los recursos para financiar el gasto público». Es con esta ley que se introduce en Nicaragua la legislación aplicable a los Precios de Transferencia, cuya entrada en vigencia, de conformidad con el articulo 303, sería el 1 de enero de 2016. No obstante, su implementación fue postergada para el 1 de enero de 2017.

Mediante esta investigación queremos analizar la relación existente entre el Principio de Plena Competencia en Nicaragua y la legislación aplicable a los Precios de Transferencia contenida en la Ley No. 822. Finalizamos presentando los aportes sobre Precios de Transferencia y su primera adopción.

Aunque la rama del Derecho Tributario en Nicaragua ha sido objeto de múltiples investigaciones, el tema de los Precios de Transferencia, por su novedad, no ha despertado una atención especial. Con este trabajo hacemos una contribución para participar en el debate y motivar a otros investigadores para que se involucren en el desarrollo del país a través de la implementación de la legislación relacionada con los Precios de Transferencia.

PALABRAS CLAVE

Precios de Transferencia / Plena competencia / Impuesto sobre la renta

ABSTRACT

On January 1, 2013, came into force in Nicaragua Law No. 822, "Tax Consensus Act" (Ley de Concertacion Tributaria, in Spanish). This law aims to "create and modify internal national taxes and regulate their application, in order to provide the State with the resources to finance public spending." It is with this law that it is introduced in Nicaragua, applicable legislation to Transfer Pricing (hereinafter, TP), whose entry into force, in accordance with Article No. 303, would be January 1, 2016. However, its implementation was postponed until January 1, 2017.

Through this research we want to analyze the existing relation between the fair competition principle in Nicaragua and legislation applicable to TP as included in Law No. 822. We finish presenting recommendations on TP and its first-time adoption.

Although the branch of Tax Law in Nicaragua has been the subject of multiple studies, the subject of TP, for its novelty, has not attracted special attention. With this work we contribute to motivate other researchers to involve themselves in the development the country through the implementation of legislation related to TP.

KEY WORDS

Transfer Pricing / Fair Competition / Income Tax

Introducción

Una de las principales estrategias para la creación de riqueza, generación de empleos y reducción de la pobreza es el fomento de la Inversión Extranjera Directa. Tanto los países desarrollados como los que se encuentran en vías de desarrollo compiten día a día para que más inversiones ingresen en su territorio. Es por esta razón, y con el objetivo de incrementar los índices de inversión, los países están aplicando estrategias con el fin de ser más competitivos en la carrera por atraer al inversionista, quien tiene múltiples opciones en distintos países para colocar su capital. Algunas de las estrategias implementadas incluyen, sin que ello sea taxativo, leyes de fomento por industria (por ejemplo, Turismo), establecimiento de parques industriales bajo el modelo de zonas francas (por ejemplo, sector Textil), disponibilidad mano de obra calificada (por ejemplo, Tecnología), costos de producción bajos (por ejemplo, Energía), y por supuesto el otorgamiento de exoneraciones fiscales, principalmente aquellas relacionadas con el impuesto sobre la renta (IR).

Sin embargo, ¿puede un país contar con todas estas ventajas competitivas para atraer inversión? ¿Los países participantes en el mercado global y local compiten en igualdad de condiciones? ¿Quiénes son los más beneficiados por esta competencia por atraer inversión?

Es muy claro que son las empresas multinacionales las más beneficiadas. Estos grupos empresariales compuestos por partes vinculadas (diferentes compañías relacionadas pertenecientes a un mismo grupo empresarial) que se caracterizan por operar en distintos territorios, tienen la ventaja de poder establecer estructuras, tanto físicas como legales, que les permitan asignar sus ingresos hacia aquellos territorios donde la carga fiscal sea menor, independientemente de dónde se lleve a cabo la producción o prestación de los servicios. La estrategia de asignación anteriormente expuesta plantea, entre otros, dos grandes problemas: el primero está relacionado con el impacto directo en la reducción de las recaudaciones fiscales (producto de la disminución del gasto por impuesto sobre la renta en las empresas vinculadas) y el segundo es que atenta contra el principio de libre competencia porque, como menciona Orúe (2008), no permite que en el mercado prevalezca la «lucha entre competidores con lealtad y corrección».

Es por esta razón que para que en el mercado prevalezca esa «lucha entre competidores con lealtad y corrección» se hace necesario el estudio jurídico y económico de la relación entre los Precios de Transferencia (metodología que utilizan los grupos empresariales para transferir sus ganancias a distintos territorios en función de su beneficio económico) y el Principio de Plena Competencia.

La Organización para la Cooperación y el Desarrollo Económico

Los problemas presentados anteriormente ya habían sido identificados y estos han venido siendo estudiados por la Organización para la Cooperación y el Desarrollo Económico (OECD, por sus siglas en inglés), organismo que fue constituido como:

> (…) un foro donde los gobiernos pueden trabajar conjuntamente para compartir experiencias y buscar soluciones a los problemas comunes e identificar buenas prácticas para una vida mejor. La cooperación, el diálogo, el consenso, y la evaluación de pares impulsan a la Organización para la Cooperación y el Desarrollo Económico en su búsqueda de una economía y una sociedad mundial más fuerte, limpia y justa.

Es en la Organización para la Cooperación y el Desarrollo Económico que encontramos directrices:

> (…) aplicables en materia de Precios de Transferencia a empresas multinacionales y administraciones tributarias (que) ofrecen pautas para la aplicación del "Principio de Plena Competencia" que constituye el consenso internacional sobre los Precios de Transferencia, es decir, sobre la valoración, a efectos fiscales, de las operaciones internacionales entre empresas asociadas.

En otras palabras, si las transacciones que se llevan a cabo entre partes vinculadas se reflejaran en los estados financieros de cada empresa con los montos razonables (es decir, a partir de los precios con los cuales estas mismas transacciones se llevarían a cabo en un mercado libre, bajo condiciones de plena competencia y entre dos o más partes informadas) la utilidad gravable, y por ende el impuesto sobre la renta, sería superior. En consecuencia, cada país podría recaudar el impuesto sobre la renta que le corresponde, independientemente de las estructuras físicas o legales formadas por empresas multinacionales entre sus partes vinculadas. La solución presentada en los párrafos anteriores se basa en el concepto de Precios de Transferencia y su relación con el Principio de Plena Competencia, tema central de este escrito.

Para más información, en el Anexo A se detallan los principales temas que la Organización para la Cooperación y el Desarrollo Económico aborda en sus directrices en torno a los Precios de Transferencia.

Cabe señalar, que, aunque Nicaragua no es miembro de la Organización para la Cooperación y el Desarrollo Económico, comparte el objetivo de buscar una economía y sociedad más fuerte para lo cual la Inversión Extranjera Directa se hace necesaria, no solo para la recaudación de impuestos, sino para la generación de empleos sostenibles. Con este objetivo en mente, en Nicaragua el sector público y el sector privado han propuesto como solución a esta problemática de la volatilidad de la Inversión Extranjera

Directa la implementación de la legislación en torno a los Precios de Transferencia como estrategia que busca el balance para lograr atraer esta inversión, sin menoscabo de la necesidad que tiene el Estado de recaudar fondos para financiar el gasto público en el corto plazo y de promover la generación de empleos a través del fomento de la inversión privada. Con este fin, como mencionamos anteriormente, se incluyó en la Ley No. 822, «Ley de Concertación Tributaria», la legislación aplicable a Precios de Transferencia.

Problema jurídico

Lo descrito anteriormente, nos plantea el siguiente problema jurídico:

El Principio de Plena Competencia es parte integral y de obligatorio estudio para la aplicación de la legislación relacionada con los Precios de Transferencia. En Nicaragua, la Constitución Política (en adelante, la Constitución) contempla expresamente el Principio de Plena Competencia, por lo que nos proponemos analizar este principio constitucional y por su importancia, su relación con los Precios de Transferencia.

Este artículo ha sido escrito a partir de información publicada por organismos internacionales que abordan el tema como la Organización para la Cooperación y el Desarrollo Económico, legislación nicaragüense vigente, libros y artículos científicos publicados en bases de datos y en revistas especializadas sobre el tema, tanto por escritores nicaragüenses como internacionales. Sin embargo, es prudente señalar que la literatura técnica disponible en torno a este tema es muy escasa aún. No obstante lo anterior, es a partir de esta información disponible que para cumplir con los objetivos propuestos, se ha aplicado una metodología cualitativa que incluye, además del análisis de la legislación vigente, la lectura y estudio de artículos científicos especializados, así como entrevistas a especialistas en la materia. En vista de que este artículo también será leído por personas que no conocen la legislación nicaragüense hemos copiado al pie de página algunos artículos de interés de nuestra legislación para que puedan profundizar en su estudio. Las conclusiones se basan en el análisis que se presenta en el cuerpo de este documento.

8

1. Nicaragua en el nuevo ambiente global

1.1 Globalización de los negocios y regulación

1.1.1. Globalización, empresa y regulación

Como preámbulo para poder estudiar los Precios de Transferencia se hace necesario conocer sus orígenes en medio de lo que hoy denominamos «globalización» y que, por lo general, concebimos como un movimiento de índole estrictamente económica. Esta definición, limitada en su sustancia, no aborda otros aspectos que contribuyen a una definición más integral de este fenómeno que ha venido afectando durante décadas la realidad cotidiana de las naciones y las personas.

Para complementar el concepto limitado que existe de «globalización económica», en su artículo «Economía de la Globalización», Martínez González-Tablas (2005), propone otras aristas que deben ser añadidas a la definición: la globalización ecológica y comunicacional, la globalización social, la globalización ideológica y la globalización política. Si observamos detenidamente estos componentes adicionales al concepto tradicional de la globalización, podremos identificar de manera más precisa su origen, que no es únicamente de orden económico (como componente de los mercados cada vez más abiertos), sino que también es de orden político y social (por las implicaciones inclusive jurídicas) que imponen las nuevas reglas de operación bajo un modelo de integración económica globalizada.

En línea con lo descrito en el párrafo anterior, Rincón Salcedo (2008) en su artículo «La globalización y el derecho: la necesaria aplicación de un pluralismo jurídico real», destaca que:

> (…) la globalización ha sido, sin lugar a dudas, uno de los fenómenos que durante el último siglo más ha influido en la evolución de nuestros sistemas jurídicos y que con seguridad determinará el curso de su evolución en este siglo que comienza.

Para Nicaragua la globalización representa un reto, sobre todo a la luz de los tratados de libre comercio que se han firmado y que han impuesto al país una serie de reformas, no solo a nuestra legislación, sino también a nuestras políticas de protección de ciertas industrias, a nuestro modelo de operación administrativo (por ejemplo, los aranceles y el funcionamiento de las aduanas en las fronteras) y a nuestro modelo de política monetaria, entre otros. Estos tratados de libre comercio han venido también a imponer un nuevo modelo de libre mercado (de raíces capitalistas) donde se ha buscado reducir la intervención del Estado. Por consiguiente, la globalización pretende frenar la iniciativa planificadora y reguladora del mercado por parte del Estado para pasar a un modelo donde será «la mano invisible de la competencia» quien definirá los destinos de la nación y sus ciudadanos, tal y como lo proponía Smith (1776) en su libro «La riqueza de las naciones» (The Wealth of Nations, en inglés).

Ahora bien, es importante destacar que Nicaragua no está aislada de esta realidad (la globalización y su presión sobre nuestro sistema jurídico). Según datos publicados por la agencia de promoción de inversiones, Pronicaragua (2016), somos el país en Centroamérica cuyo nivel de integración de su economía a la economía global es el más alto. En otras palabras, somos el país más globalizado de Centroamérica, desde una perspectiva económica. Lo anterior, se fundamenta en los altos niveles de inversión extranjera, los niveles representativos de remesas en relación con el producto interno bruto, el crecimiento sostenido en las exportaciones e importaciones, entre otros factores. Cabe señalar, que mucho de lo anterior, es producto de los beneficios de los tratados de libre comercio que ha firmado Nicaragua con distintos países.

Todo este proceso de desarrollo hasta lo que hoy conocemos como una realidad llamada globalización, ha sido producto de una pausada evolución. Este proceso evolutivo también se ha visto reflejado en la realidad económica y jurídica del país, iniciando por la misma Constitución que ha vivido en los últimos cuarenta años cambios importantes, y no necesariamente en línea, con la concepción capitalista de libre mercado tal y como lo concibe la globalización.

Con relación a este tema, cabe señalar la posición de Álvarez (2016) quien destaca los cambios que se ha observado en los tiempos recientes en torno a la Constitución y que están relacionados con sus reformas del año 2014. Al respecto, hace énfasis en los cambios que ha habido en la configuración del Estado y su relación con el libre mercado:

> Antes de la reforma constitucional de 2014, Nicaragua era un Estado social de derecho. El Estado social de derecho implica que hay una economía social de mercado y no un libre mercado en su acepción más clásica y tradicional. Entonces el Estado social de derecho implica que la Administración Pública puede hacer algunas intervenciones en ámbitos de la economía que en un Estado de libre mercado no podría entrar.

Es decir, que con la última reforma constitucional, a pesar de que se incluyen conceptos relacionados con la globalización, tales como libre empresa, iniciativa económica libre, entre otros conceptos relacionados con una visión capitalista y de libre mercado puro y duro, nos hemos acercado más a la concepción de un Estado ordenador dentro de un modelo de Orden Público Económico donde, inclusive, se promueven, entre otros, ideales socialistas.

1.1.2. *Orden Público Económico*

Uno de los conceptos que vale la pena destacar dentro de la realidad de la globalización y las reglas que esta impone es el de Orden Público Económico.

El concepto de Orden Público Económico tiene su origen en la ideología liberal y ha venido sufriendo variaciones a través del tiempo hasta llegar a lo que es conocido hoy como una serie de principios destinados a ordenar la actividad económica (e inclusive administrativa) y a defender el derecho de propiedad. En su libro Fundamentos del Derecho Civil Patrimonial, Díez-Picazo (2007), menciona que el Orden Público Económico «es la actividad de la Administración o del Estado que se dirige a configurar económicamente la sociedad». El mismo autor, sin embargo, cita a continuación que no obstante la definición anterior:

> (…) el concepto de orden público económico es más amplio. No solo constituyen el orden público económico las actividades del Estado dirigidas a conformar económicamente una sociedad. También son orden público económico las directrices básicas con arreglo a las cuales, en un momento dado, históricamente, se asientan la estructura y el sistema económico de esta misma sociedad. (p. 54)

Se deduce de lo anterior que en el mundo moderno, producto de la globalización, por la apertura de los mercados se hace cada vez más difícil la aplicación del Orden Público Económico (con un Estado regulador). Lo anterior, por contar con constituciones políticas basadas en la libertad de empresa, la propiedad privada y la libertad económica, entre otros.

No obstante, lo anterior, para el caso de Nicaragua, tal y como menciona Álvarez, la Constitución se ha inclinado más hacia los principios del Orden Público Económico, sin eliminar los principios fundamentales de la globalización. Podemos entonces afirmar que dentro de la Constitución existe inmersa una Constitución Económica (por ejemplo, lo dispuesto en los art. 44 y art. 104) que coexiste con una Constitución Social (por ejemplo, lo dispuesto en los art. 5 y art. 98) que busca el balance entre el libre mercado, para hacer frente a la realidad de la globalización, y a un Orden Público Económico para hacer frente a las necesidades de asistencia social y desarrollo nacional con un enfoque asistencial.

1.1.3. Iniciativa económica y libertad de empresa

Al analizar el Orden Público Económico es necesario estudiar como partes integrantes del mismo la iniciativa económica y la libertad de empresa. Tal y como lo establece la Constitución en su art. 104, se reconoce la iniciativa económica y la libertad de empresa que, como acertadamente menciona Díez-Picazo (2007), es «uno de los grandes principios del orden económico de nuestra civilización, que inspira nuestro ordenamiento jurídico». Sin embargo, la Constitución también busca un balance, no dejando al libre albedrío la actividad económica empresarial, sino que se reserva herramientas que garanticen que los beneficios de la libre empresa sean también para la población en general (art. 98 C. n.). Al respecto cabe resumir algunos artículos de nuestra Constitución relacionados con este tema:

a) Respeto de la persona, la libertad, la justicia. Reconoce diferentes formas de propiedad. Reconoce los valores cristianos y socialistas (artículo 5).

b) Igualdad de las personas ante la ley con igual derecho de protección (artículo 27).

c) Derecho de propiedad privada. Prohibición de la confiscación de bienes. Derecho de expropiación del Estado con la correspondiente indemnización (artículo 44).

d) Función principal del Estado en la economía es desarrollar materialmente el país y realizar una distribución más justa de la riqueza (artículo 98).

e) La iniciativa económica es libre. Las empresas gozan de igualdad ante la ley y las políticas económicas del Estado. Limitaciones en torno a motivos sociales o de interés nacional que impongan las leyes (artículo 104).

En el nivel normativo secundario, dentro del ordenamiento jurídico encontramos otras disposiciones que complementan la configuración de los principios que estamos analizando. El Código Civil de la República de Nicaragua, a pesar de haber sido aprobado en 1904 durante el gobierno liberal de D. José Santos Zelaya, incluye conceptos que son aplicables a la realidad nicaragüense como parte activa del fenómeno de la globalización y que, como mencioné anteriormente, también se basan en principios de un Estado ordenador basado en un Orden Público Económico. A continuación, se citan algunos artículos del Código antes mencionado:

a) Se pueden establecer contratos que no sean contrarios a las leyes, la moral y el orden público (artículo 2437).

b) Las obligaciones fundadas en causas ilícitas no tienen ningún efecto (artículo 1874).

c) Efectos y consecuencias de los contratos (artículo 2480).

d) Criterios para resolución de dudas producto de circunstancias accidentales de los contratos (artículo 2505).

Se aprecia de los artículos anteriormente mencionados que nuestro ordenamiento jurídico contiene los principios necesarios que interactúan y se relacionan de manera armoniosa y complementaria para que como país se pueda formar parte de un mercado globalizado a la vez que se protege y fomente el desarrollo económico y social.

1.1.4. Objetivos de la empresa

En medio de toda la realidad expresada en los párrafos anteriores, no debemos olvidar cuáles son las funciones primarias de una empresa (nacional e internacional). No se puede negar, que su principal objetivo es la creación de riqueza. Dicho de otra manera, la generación de utilidades que puedan ser distribuidas a los socios de las organizaciones por el riesgo particular que asumen al invertir [Peter Drucker (1958)], sin olvidar la función social de la empresa. Para alcanzar este objetivo, debe ser capaz de enfrentar retos que impone el mercado en su situación actual.

1.1.5. Retos para la empresa moderna

La empresa moderna afronta muchos retos, principalmente relacionados con: capital humano, innovación, regulación, tecnología, eficiencia, competencia, rentabilidad, y capital económico y financiero, entre otros. Como hemos indicado en el párrafo anterior, el objetivo principal de la empresa es la creación de riqueza convertible en dividendos que puedan ser pagados a los socios por el riesgo particular que están asumiendo. La maximización de esta riqueza es una obligación de todos los dirigentes de empresas que implementan múltiples estrategias que se resumen en dos: incrementar los ingresos y reducir los gastos.

Para incrementar los ingresos, existen muchas estrategias. Se mencionan como ejemplos, las fusiones con otras empresas, el lanzamiento de nuevos productos, la entrada a nuevos mercados para los cuales se aprovecha, por ejemplo, los tratados de libre comercio, entre otros. Para reducir costos, se suelen implementar reducciones de personal, disminución de gastos operativos, automatización de procesos (que antes eran llevados a cabo manualmente) y la reducción de la carga fiscal. A continuación, quisiera hacer énfasis, de manera introductoria, a un tema en particular: el fraude fiscal.

1.1.5.1. Introducción al concepto de fraude fiscal

Refiriéndonos específicamente al tema de la reducción de la carga fiscal, las empresas se encuentran constantemente en búsqueda de aquellos lugares (países o territorios) donde puedan ser más eficientes desde la perspectiva fiscal, no solo a nivel de entidad, sino a nivel de grupo empresarial. Sin embargo, esta visión puede llevar a que ciertos países se encuentren en desventajas frente a otros por lo que los Precios de Transferencia vienen a dar una solución para equilibrar esta situación al nivelar los costos de operación desde una perspectiva fiscal.

Otro reto al que se enfrentan las empresas es el de cumplir con todas las regulaciones (cada vez mayores), entre estas, sus obligaciones tributarias. Esto se convierte en un reto a la luz de la cultura y posición de los ejecutivos de cuello blanco hacia el cumplimiento con este tipo de regulaciones. Cabe destacar el estudio de Burton, Karlinsky y Blanthorne publicado en su artículo «Percepción de un crimen de cuello blanco: Evasión fiscal» (Perception of a White-Collar Crime: Tax Evasion, en inglés) y que cito a continuación:

> En general, los resultados indican que la evasión fiscal (para los ejecutivos) es considerada como un crimen levemente grave. Al comparar con otras ofensas, encontramos que la evasión fiscal es

percibida con la misma severidad de la violación a la Ley del Salario Mínimo.

En países como Nicaragua, esta concepción tiene un impacto directo en el nivel de fraude fiscal. En su estudio para el caso de Nicaragua, Beck (2014) hace referencia a que solo la evasión fiscal (sin incluir la elusión) asciende a un 38 %, la más alta en América Central. En Costa Rica es 28 %, Guatemala 25 %, Honduras 23 % y El Salvador 21 %. Los Precios de Transferencia, vienen a ser también parte de la solución a esta problemática de la evasión.

A continuación, abordamos el tema de los Precios de Transferencia. Con el objetivo de establecer el contexto en el que estos serán aplicados. Antes hacemos una breve introducción a los impuestos en Nicaragua.

2. Los impuestos en Nicaragua

2.1. Derecho tributario, el tributo y el sistema tributario

2.1.1. Derecho tributario

En su libro «Derecho Tributario: Análisis Jurídico de los Elementos del Impuesto sobre la Renta en Nicaragua», Méndez (2012) afirma que:

> El término "Derecho Tributario" *per se,* se ve imprescindiblemente ligado a toda la actividad financiera del Estado; es decir, a todo ese engranaje complejo de múltiples funciones y de diversa naturaleza dentro de la Administración Pública, necesarias para satisfacer las necesidades públicas del Estado, funciones que muy someramente podemos resumir en la obtención, administración e implementación de los recursos monetarios. Por ello, antes de darnos a la tarea de conceptualizar y fundamentar al Derecho Tributario, es menester conocer la actividad financiera del Estado, la cual se encuentra normada y regulada jurídicamente por el Derecho Financiero, haciendo uso de sus propios instrumentos jurídico-científicos. (p. 13)

Por la importancia, que tiene el Derecho Financiero para el Derecho Tributario, cabe en este momento citar a Freiherm (1910) que citado por Méndez, define el Derecho Financiero como el «conjunto de normas del Derecho

Público Positivo que tiene por objeto la regulación de las finanzas de las colectividades públicas, Estado y otros entes con administración propia existentes dentro de aquel».

Dentro de este panorama, donde el Derecho Tributario cabe dentro del Derecho Financiero, la Constitución contiene una serie de artículos relacionados con las finanzas públicas y por ende con los tributos. A continuación, se resumen los principales:

a) Se reconoce el derecho de la Asamblea Nacional de aprobar la Ley de Presupuesto General de la República y prohíbe que a través de esta Ley se creen nuevos tributos (artículo 112).

b) Asigna al presidente de la República la formulación del Proyecto de Ley Anual del Presupuesto General de la República, así como toda la información soporte del mismo (artículo 113).

c) Asigna carácter de exclusividad la creación, aprobación, modificación o supresión de tributos a la Asamblea Nacional de la República de Nicaragua (artículo 114).

d) Establece que los impuestos deben ser creados por ley (artículo 115).

Retomamos en este momento la definición de Derecho Tributario, recogida por Méndez del escritor Giannini (1957) quien lo define como «aquella rama del Derecho

Administrativo que expone las normas y los principios relativos a la imposición a la recaudación de los tributos y que analiza las consiguientes relaciones jurídicas entre los entes públicos y los ciudadanos». (p. 16-17)

Otra definición también recopilada por Méndez de Derecho Tributario es la de Calvo (1997) que lo plantea como el «conjunto de principios y normas jurídicas que regulan la obtención de ingresos por parte de los entes públicos por medio del tributo».

Como se puede observar, ambas definiciones abordan el término «tributo», concepto que abordamos en la siguiente sección.

2.1.2. El tributo

En su libro «Todo sobre Impuestos», Báez & Báez (2011) afirman que:

> El estudio de la cuestión impositiva, tanto en su ángulo teórico y doctrinario como desde la perspectiva del derecho positivo vigente, aconseja iniciarlo examinando los ingresos desde un punto de vista de la disciplina que los regula -el Derecho Tributario- y a la vez de su forma esencial de expresión financiera -el Tributo-. (p. 23)

Cabe entonces, estudiar el concepto de tributo que según Acevedo (2011) lo define como se presenta a continuación:

Son las prestaciones generalmente pecuniarias que el Estado exige por ley y con el objeto de obtener recursos para el cumplimiento de su cometido. En Nicaragua los tributos se clasifican en impuestos, tasas y contribuciones especiales. El tributo es un pago efectuado al Estado por mandato de la Ley, y tiene carácter forzoso y coercitivo. (p. 136)

Guirado (2015) complementa las definiciones anteriores al afirmar que:

(…) los tributos son exigidos sin contraprestación, cuyo hecho imponible está constituido por negocios, actos o hechos de naturaleza jurídica o económica, que ponen de manifiesto la capacidad contributiva del sujeto pasivo, como consecuencia de la posesión de un patrimonio, la circulación de los bienes o la adquisición. (p. 63)

Se constituye entonces el tributo como componente esencial del sistema tributario que estudiamos a continuación.

2.1.3. El sistema tributario

Báez & Báez recomiendan, al igual que Acevedo, clasificar los tributos en tres categorías: impuestos, tasas y contribuciones especiales y además afirman que para que un sistema tributario funcione tiene que contar con ciertos atributos que cito a continuación:

- Justicia: Se refiere al objetivo último de la fiscalidad, el bienestar social, y a las formas en que los contribuyentes deben ser tratados por el Estado. Guarda estrecha relación con el concepto de equidad y con los principios constitucionales de igualdad y generalidad (que se presentan más adelante en este artículo).

- Eficiencia económica: No debe alterar la dinámica económica relacionada con asignación eficiente de recursos en la sociedad. La tributación está llamada a ser una palanca del desarrollo, nunca un factor distorsionante de las decisiones económicas.

- Sencillez administrativa: Debe ser de fácil manejo y de barata gestión. Es inútil, por ejemplo, la existencia de un impuesto cuya administración resulta más costosa que su propia generación de ingresos. Toda complejidad legal o burocrática de los sistemas tributarios constituye la antítesis de este principio.

- Responsabilidad política: El diseño del sistema tributario debe realizarse de manera tal que haga posible y de fácil acceso su comprensión y cumplimiento. Todo impuesto debe expresar con claridad quién, cómo y cuándo lo pagará, a los efectos de evitar ambigüedades en cuanto al destinatario real de dicha carga.

- Flexibilidad: Debe responder con relativa facilidad a los cambios de la economía. La rigidez técnica de un sistema impositivo dificulta su eventual adecuación a las transformaciones socioeconómicas. La aplicación práctica de este principio dependerá de la concepción democrática y del sentido de oportunidad con que los gobiernos conduzcan las reformas tributarias. (p. 26)

Los principios anteriores constituyen los que podemos denominar «un buen sistema impositivo» (Báez & Báez) y es mediante su análisis que de manera armonioso podemos establecer los cimientos para el estudio de los impuestos partiendo de su relación con la Constitución.

2.2. Impuestos y la Constitución Política

Al inicio de este capítulo hemos citado los artículos específicos de la Constitución que hacen referencia al tema impositivo. Cabe ahora señalar los principios constitucionales que se encuentran incluidos de manera directa en nuestra Constitución y que están también relacionados con el tema impositivo. Según Báez & Báez (2011), estos son (se presentan de manera resumida):

- Legalidad: Conocido también como reserva de ley, se resume en el conocido aforismo tomado por analogía del Derecho Penal *nullum tributum sine lege*. (Ver artículos 114 y 115 de la Constitución).

- Igualdad: En su doble aspecto de igualdad ante la ley, concretado en materia tributaria en igualdad ante las cargas públicas y de igualdad de las partes de la relación jurídica tributaria – es conocido también como principio de isonomía. (Ver artículo 27 de la Constitución).

- Generalidad: Es una derivación del anterior principio de igualdad: no se trata de que todos deben pagar tributos, sino que nadie debe ser eximido por privilegios personales. (Ver artículo 24 de la Constitución).

- Capacidad contributiva: Según este principio, denominado también principio de proporcionalidad y equidad, los sujetos pasivos deben contribuir a los gastos públicos en función de su respectiva capacidad económica. (Ver artículo 114 de la Constitución).

- Tutela jurisdiccional: Establece la necesidad de una jurisdicción independiente del Poder Ejecutivo para conocer y dilucidar controversias entre la Administración Tributaria y los Contribuyentes. (Ver artículos 34 y 160 de la Constitución).

- No confiscación: Los tributos son confiscatorios cuando extraen una parte esencial de la propiedad o de la renta. (Ver artículo 114 de la Constitución). (p. 27)

Estos principios constitucionales, aplicables a todos los tributos, constituyen la garantía fundamental de aplicación de los impuestos en Nicaragua. Al respecto, nos proponemos abordar en este escrito únicamente el impuesto sobre la renta (solo en lo aplicable) por su relación directa con los Precios de Transferencia.

2.3. El impuesto sobre la renta

Según Báez (2011) la definición de impuesto sobre la renta es la siguiente:

> El impuesto sobre la renta es el gravamen fiscal que afecta la renta neta originada en Nicaragua de toda persona natural o jurídica, residente o no en el país. Renta neta o renta gravable es la resultante de aplicar a los ingresos brutos las deducciones permitidas por la Ley Es el tributo directo por excelencia, en tanto que afecta la ganancia. (p. 37)

Por su parte, Herrera (2009) define el impuesto sobre la renta como «un tributo directo que grava toda renta neta generada de fuente nicaragüense que se aplica a los ciudadanos y sociedades jurídicas independientemente de la nacionalidad o domicilio de estas». (p. 204)

Las definiciones anteriores tienen inmersos muchos conceptos clave como son «tributo directo», «renta neta», «fuente nicaragüense», entre otros. No es objetivo de este trabajo abordar estos temas en profundidad. No obstante, es oportuno hacer énfasis en que todos estos conceptos están sujetos a manipulaciones por parte de los contribuyentes. A esta manipulación la denominamos en este estudio fraude fiscal.

2.4. El fraude fiscal

Como se mencionó anteriormente, para el caso de Nicaragua, Beck (2014) hace referencia a que solo la evasión fiscal (sin incluir la elusión) asciende a un 38 %, la más alta en América Central. Esta situación plantea un problema que por sí solo es objeto de estudio.

Para propósitos de este escrito introduciremos el tema para asociarlo a la importancia que este tiene así como su relación con el impuesto sobre la renta y los Precios de Transferencia.

2.4.1. Perspectiva económica, sicológica y sociológica

Según Borinsky (2013) se deben entender como equivalentes los términos «fraude tributario», «fraude fiscal», «defraudación tributaria» y «evasión fiscal». Por su parte, Kuhlen (2015) el fraude fiscal debe analizarse desde tres aristas: la económica, la sicológica y la sociológica. Del estudio de estas tres aristas puede entenderse mejor la definición de fraude fiscal. A continuación un resumen del texto de Kuhlen sobre lo anteriormente expuesto:

> Desde la perspectiva *económica* tradicional el fraude fiscal (y el cumplimiento de las leyes fiscales) se

basa en la *decisión racional* de individuos que entienden que mediante la infracción de leyes fiscales obtendrán mayores *beneficios* que con su cumplimiento, del mismo modo que, al contrario, los impuestos *se pagan* cuando *hacerlo*, según la opinión de quienes pagan, es la conducta que promete mayores beneficios. Esto se corresponde con la hipótesis de la utilidad esperada o modelo de comportamiento del *homo oeconomicus*, cuyo comportamiento es «racionalmente oportunista». (p. 113)

En relación con el enfoque psicológico Kuhlen presenta las siguientes consideraciones:

No obstante, el planteamiento explicativo económico es insuficiente, al limitar los beneficios esperados con la decisión a favor o en contra del fraude fiscal a las consecuencias monetarias de esta decisión. Los sicólogos destacan por eso que la explicación del cumplimiento o la infracción de las leyes deben tener en cuenta, al menos de manera complementaria, motivos internos como el sentido de la justicia, la disposición a cooperar, el altruismo u otras normas sociales (del evasor).

Parten del presupuesto de que los fraudes fiscales, así como las formas legales de evasión de impuestos, vienen condicionados en esencia por la magnitud de la *resistencia tributaria* del ciudadano. (p. 116)

Finalmente, en torno a las consideraciones sociológicas, Kuhlen expone lo siguiente:

> Las reflexiones sicológicas sobre la mentalidad fiscal se solapan con los planteamientos sociológicos sobre la explicación del fraude fiscal, que prestan especial atención a las condiciones sociales, entre las que se encuentran las decisiones individuales a favor o en contra del cumplimiento de las leyes fiscales. Los sociólogos no niegan que las acciones en general, y en concreto el cumplimiento o infracción de las leyes fiscales y otras normas jurídicas, a menuda dependan de qué beneficio prometa la conducta en el caso concreto al destinatario de la norma.

De las tres aristas anteriores, podemos concluir que existen distintos factores que siempre constituirán riesgos para la Administración Pública relacionados con el cobro de los tributos y para los cuales el evasor siempre encontrará argumentos y estrategias. Esta situación (el fraude fiscal) es también una realidad para Nicaragua, donde el índice de evasión es el más elevado de la región y por lo cual se hace necesario una reforma al sistema tributario nicaragüense. Parte de esta reforma consiste en la introducción de la legislación en torno a los Precios de Transferencia como una medida de control y estrategia de recaudación para el Estado. No obstante, la implementación de esta legislación platea retos jurídicos que deben ser estudiados y que giran en torno, entre otros, a libre empresa y libre competencia.

3. Los Precios de Transferencia y el Principio de Plena Competencia

3.1. Introducción a los Precios de Transferencia

3.1.1. Antecedentes

Antes de introducir el concepto de Precios de Transferencia, cabe señalar, que según Barbosa (2005):

> (…) este tiene su origen y desarrollo conjuntamente con el desarrollo en el siglo XX conjuntamente con el desarrollo de las empresas multinacionales. En la medida en que estas empezaron a desarrollar sus estrategias para aumentar sus beneficios y minimizar sus riesgos por medio de la diversificación de sus actividades productivas, comerciales y financieras, fueron surgiendo las técnicas para manejar los Precios de Transferencia entre las distintas empresas que conformaban el mismo grupo multinacional.

3.1.2. ¿Qué son los Precios de Transferencia?

Existen distintas definiciones del término Precios de Transferencia. Por ejemplo,

Barbosa (2005) define los Precios de Transferencia como se presenta a continuación:

> (…) todo concepto de valor o precio, que se asigna sobre bienes, servicios, incluyendo transferencia de tecnología, y/o inversiones que son negociados entre empresas relacionadas mediante alguna vinculación que implica algún tipo de poder de decisión. La decisión de este valor o precio puede tener efectos económicos y jurídicos tanto nacionales como transnacionales para las empresas que intervengan en la relación comercial, así como para las administraciones tributarias y para terceros. (p. 35)

Para efectos de este escrito, tomaremos, por ser más clara para nuestros propósitos, la definición de Precios de Transferencia de la firma internacional KPMG (2016) que la conceptualiza «como el precio al que pactan la transferencia de bienes, servicios y financiamiento dos o más entidades miembro de un grupo empresarial multinacional, denominadas como partes vinculadas».

Como se puede observar destaca la importancia del término «precio». Igualmente, al abordar el tema de «transacciones dentro de un mismo grupo» surge la interrogante si estas se llevan a cabo de conformidad con el «Principio de Plena Competencia» que abordamos más adelante en este escrito.

3.1.3. ¿Qué es un precio y cuál es su relación con el Principio de Plena Competencia y con los Precios de Transferencia?

Como mencionamos anteriormente, un concepto estrechamente ligado a los Precios de Transferencia es el de «precios» que de ser analizado en conjunto con el principio de «plena competencia» (también conocido como *Arm's length,* en inglés).

Para iniciar, se debe distinguir la diferencia entre «Precio de Transferencia» y «precio de mercado». Para efecto de los "Precios de Transferencia", los miembros de un grupo multinacional o partes vinculadas podrían tener como objetivo común el maximizar la utilidad del Grupo en su totalidad y no de cada parte. Es decir, las partes involucradas no necesariamente tienen intereses contrarios (a diferencia de un mercado donde existe plena competencia). Por lo anterior, trasladan la utilidad a aquellos territorios donde la carga fiscal sea menor (estrategia también conocida como *Profit shifting,* en inglés).

En el segundo caso, el del «precio de mercado», el elemento clave es que los agentes (partes involucradas en la operación, lo que es igual a los oferentes y demandantes) tienen como interés principal el maximizar su propia utilidad, es decir, es el acuerdo que obtienen dos partes que tienen intereses contrarios. Esta segunda operación se lleva a cabo de conformidad con el principio de libre competencia. La interrogante que plantean los Precios de Transferencia es si, las transacciones que se están llevando a cabo dentro de empresas vinculadas dentro de un grupo empresarial se están reflejando a precios de mercado. De no ser así, se estaría demostrando que el grupo está aplicando *Profit shifting* por incumplimiento con el principio de *Arm's lenght*.

Un tema que abordaremos en esta sección será la legislación en torno a Competencia. Aunque la Constitución no contempla este concepto, se puede derivar de otros principios, tales como la «libre empresa» y el «libre mercado», entre otros (Álvarez, 2016). No obstante lo anterior, contamos con una «Ley de Promoción de la Competencia» que aborda el tema (Ley 601, con su Reglamento y sus Reformas).

Para el caso de Nicaragua, el principio de libre competencia también se aborda en el art. 96 de la Ley 822, en la cual establece que:

> Las operaciones que se realicen entre partes vinculadas se valorarán por el precio o monto que habrían acordado partes independientes en operaciones comparables en condiciones de libre competencia, incluso cuando las mismas se deriven de rentas de capital, ganancias y pérdidas de capital.

Tres aspectos adicionales para considerar en torno al Principio de Plena Competencia y su relación con el concepto de precios, son los siguientes:

- No se establece de antemano un valor o rango aceptable de Precios de Transferencia (precios, tasas, porcentajes, utilidad, etc.).

- Es un criterio hipotético, el cual supone un parámetro de precios «correctos» contra los cuales se pueden evaluar los precios pactados entre partes vinculadas. Es decir, el razonamiento de que «dadas las x circunstancias, el precio debería estar entre A y B» (un rango de precio).

- Para efectos de determinar «rangos de precios», el criterio a utilizar debe ser lo que hubieran pactado terceros independientes en circunstancias comparables.

En otras palabras, aunque existen métodos (que abordaremos más adelante) para definir precios hipotéticos dentro de un mercado donde impere la libre competencia, siempre existirá un factor de juicio que deberá ser aplicado. Este factor de juicio tendrá una afectación directa para las discusiones que se mantengan entre las empresas vinculadas y las autoridades tributarias.

3.1.4. ¿Por qué son importantes los Precios de Transferencia?

Ya hemos abordado qué son los Precios de Transferencia, qué es un precio y cuál es su relación con el principio de libre competencia. Sin embargo, en adición a la entrada en vigencia del capítulo V de la Ley 822, ¿por qué son importantes los Precios de Transferencia para las empresas en Nicaragua? Tenemos que hacer referencia en este momento, a que la Ley 822 no viene solo a imponer nuevas regulaciones y cargas administrativas. Para nuestro caso, cuando abordamos la legislación de Precios de Transferencia tenemos que tener en cuenta que estos tienen como finalidad la distribución justa de la riqueza entre empresas de un mismo grupo conllevando de esta manera al pago apropiado de impuestos en cada país. Como objetivo de la implementación de los Precios de Transferencia, se analizan los ingresos y deducciones derivados de transacciones entre partes vinculadas. Dichas transacciones por mencionar algunas son:

- Financiamientos

- Compra y venta de insumos, productos semiterminados y terminados

- Licencias de uso de marcas y *know how*

- Arrendamiento de bienes muebles e inmuebles

- Servicios

- Venta de activos

- Comisiones

3.2. El impuesto sobre la renta y su relación con los Precios de Transferencia

Barbosa (2005) presenta de manera clara la relación que existe sobre el impuesto sobre la renta y su relación con los Precios de Transferencia.

> Al momento de entender el régimen de Precios de Transferencia en un país, es importante señalar que no hay que confundir estos con un impuesto adicional. Por lo general, es a los contribuyentes del impuesto sobre la renta a quienes la administración tributaria les exige el cumplimiento de sus obligaciones, tanto formales como sustanciales, para efectos del régimen de Precios de Transferencia.

> Un régimen de Precios de Transferencia se puede analizar más como un conjunto de medidas auxiliares que coadyuvan a la administración tributaria a la aplicación del impuesto sobre la renta y se convierten en un deber tributario adicional del contribuyente. (p. 38)

Para el caso de Nicaragua nuestra legislación expresa formalmente la obligación del contribuyente de presentar la declaración del impuesto sobre la renta correspondiente, previa elaboración de la documentación soporte respectiva en torno a los Precios de Transferencia. Asimismo, la administración tributaria (ver art. 98 de la Ley 822) se reserva el derecho de la aplicación del principio de la realidad económica.

Finalmente, consideramos que el régimen de Precios de Transferencia no puede aplicarse por analogía a otro impuesto, como para el caso del impuesto al valor agregado.

3.3. El concepto de partes vinculadas

Existen distintas definiciones del concepto de partes vinculadas (o partes relacionadas). La definición incluida en el art. 94 de la Ley 822 establece una serie de criterios aplicables a la determinación de si una empresa es o no parte vinculada de la otra.

Como se puede observar en la definición anterior, el concepto es bastante amplio y el alcance que establece la regulación incluye cualquier operación que se lleve a cabo entre personas residentes y no residentes (ver art. 95 de la Ley 822).

Otra definición la presenta Mozo (2016) tomada de la OECD que afirma lo siguiente:

> De conformidad con las directrices aplicables en materia de Precios de Transferencia a empresas multinacionales y administraciones tributarias "se dice que dos empresas son asociadas una respecto de la otra cuando una de ellas cumple con los requisitos establecidos en el artículo 9 párrafos

1a) o 1b) del Modelo de Convenio Fiscal (Sobre la Renta y Sobre el Patrimonio) de la OCDE en relación con la otra empresa". Dichos párrafos se transcriben a continuación:

Cuando:

1. a) una empresa de un Estado contratante participe directa o indirectamente en la dirección, el control o el capital de una empresa del otro Estado contratante, o

1. b) unas mismas personas participen directa o indirectamente en la dirección, el control o el capital de una empresa de un Estado contratante y de una empresa del otro Estado contratante, y, en uno y otro caso, las dos empresas estén, en sus relaciones comerciales o financieras, unidas por condiciones aceptadas o impuestas que difieran de las que serían acordadas por empresas independientes, los beneficios que habrían sido obtenidos por una de las empresas de no existir dichas condiciones, y que de hecho no se han realizado a causa de las mismas, podrán incluirse en los beneficios de esa empresa y someterse a imposición en consecuencia.

Como consecuencia del incremento en la cantidad de partes vinculadas, así como el número de transacciones, este concepto se hace cada vez más determinante para la aplicación de los Precios de Transferencia.

Cabe ahora citar a Barbosa (2005) que trasciende de la definición de «partes vinculadas» a la de «operaciones entre partes vinculadas»:

> Para que una operación se considere como vinculada o controlada es preciso que las partes que intervienen en la operación, ambas o solo una de ellas *–tested party-* se puedan beneficiar de una posible manipulación de precios, es decir que el control que se realice a esas operaciones tenga como objetivo principal el que las utilidades globales del grupo económico y el capital aplicado para generarlas sufran la más eficiente composición de la carga tributaria, de forma tal de maximizar los beneficios empresariales. (p. 50)

Lo expresado por Barbosa (2005) es otro aspecto importante a considerar y que es también aplicable para el caso de Nicaragua en lo referente a la legislación en torno a Precios de Transferencia:

> En muchas legislaciones, las operaciones no se limitan a las operaciones corrientes determinantes de ingresos y gastos. Ha de incluirse también cualquier tipo de operación con un contenido que consista en la concesión de una ventaja, así como la adopción de medidas unilaterales. Entre estas destacan la asunción de deudas, de créditos sin contrapartida o el pago de facturas del socio a la sociedad o viceversa. (p. 50)

Otro aspecto interesante de la Ley 822 es que los Precios de Transferencia no son aplicables únicamente a personas jurídicas, sino también a personas naturales. Solo basta leer la definición de parte vinculada contenida en dicha ley para notar que también aplica a personas.

Finalmente, el concepto de partes vinculadas obligará al contribuyente a llevar a cabo «pruebas de control» para determinar si una persona (natural o jurídica) es considera parte vinculada para propósitos de la Ley 822, específicamente para el art. 99, comparabilidad.

3.4. El concepto de comparabilidad

Este es otro concepto clave para el análisis de la aplicación de los Precios de Transferencia. La comparabilidad se aborda en el art. 99 de la Ley 822. Algunos de los criterios contenidos en este artículo en particular son los siguientes:

- Las transacciones entre partes vinculadas se podrán comparar con operaciones similares y al mismo nivel en que se realizaron.

- Dos o más operaciones son comparables cuando no existan entre ellas diferencias económicas del sector al que pertenecen o de negocios internos o externos significativos que afecten el precio del bien o servicio, o al margen de operación, o cuando existiendo dichas diferencias puedan eliminarse por medio de la aplicación de ajustes de valores razonables.

Existen otros criterios que se pueden aplicar para evaluar si dos o más operaciones son comparables, tales como las características de los bienes o servicios, los términos contractuales o las estrategias comerciales, entre otros. En resumen, la comparabilidad es básica para poder demostrar que las transacciones entre partes vinculadas se están llevando a cabo dentro de los rangos de mercado y con base en el Principio de Plena Competencia.

Otra definición es presentada por Vela (2008) al referirse al concepto de «comparabilidad» que consiste en:

> (...) analizar dos o más bienes (tangibles o intangibles), servicios o empresas similares con el fin de descubrir sus afinidades y semejanzas y de esta manera poder definir si es posible calcular o ajustar sus diferencias materiales que afecten el precio. (p. 84)

Vela (2008) también hace énfasis en que un análisis de comparabilidad no significa necesariamente que la información que se utilice para llevar a cabo este estudio debe ser «idéntica», pero sí lo suficientemente para poder llevar a cabo este análisis.

Finalmente, cabe ahora presentar algunos retos que enfrentarán las empresas, así como las autoridades tributarias al momento de llevar a cabo sus análisis. Vela (2008) hace un resumen de la situación aplicable a México que consideramos es exactamente idéntica a la situación de Nicaragua:

- Obtención de la información pública disponible

  Dentro del mercado no se cuenta con bases de datos locales confiables donde se pueda obtener información financiera de compañías comparables para elaborar los estudios de Precios de Transferencia. La mayoría de las bases de datos con las que se cuenta para hacer los análisis en comento, son elaboradas en el extranjero con información del mercado americano, canadiense, europeo y asiático. La información de compañías establecidas en México y en Latinoamérica es muy escasa en estas bases de datos.

- Segmentación de la información financiera

  Aquí podemos encontrar dos tipos de problemas para nuestro análisis: el primero sería en el caso de que la compañía bajo análisis tenga más de una transacción con partes vinculadas, lo que nos llevaría a identificar los ingresos y costos directamente relacionados a esta transacción, y la segunda sería la información financiera que encontraremos en las bases de datos disponibles.

- Segmentación de la información financiera de la compañía analizada

  En este caso las compañías tienen que elaborar estados financieros por tipo de transacción con el objeto de conocer los márgenes de utilidad que obtengan por las operaciones con sus partes vinculadas.

- Información financiera de las compañías determinadas como comparables

  La información que se obtiene de las bases de datos no se puede obtener a un nivel de transacción, se obtiene de una manera general, por lo que hay que poner especial atención al revisar las descripciones de estas compañías para poder identificar si en realidad son comparables o no a la operación bajo análisis.

- Información financiera de la entidad analizada vs. la información financiera de varios años de comparables.

  Hay que identificar cuál es el ciclo de negocios de la compañía analizada, con el objeto de comparar la información financiera de esta compañía con un periodo similar de las compañías que fueron seleccionadas como comprables.

4. El Principio de Plena Competencia y su relación con los Precios de Transferencia

4.1. ¿Qué es el Principio de Plena Competencia?

Anteriormente, hemos presentado la definición del Principio de Plena Competencia que plantea Orúe (2008). Cabe agregar a la definición anterior, lo expresado por Herrera (2008) que relaciona el éxito empresarial como una consecuencia directa de la « competencia de prestación: una permanente situación de los mercados en cuya virtud los empresarios que en ellos constituyen la oferta triunfen por las mejores calidades y condiciones de su posición comercial e industrial». Herrera (2008) presenta de una manera positiva el efecto directo de la competencia a diferencia de Orúe (2008) que se enfoca más en una «lucha entre competidores».

Concluimos entonces que el principio de competencia no tiene únicamente un carácter negativo donde los actores del mercado luchan de manera voraz y con base en una serie de limitaciones, sino que, aplicado de manera correcta y con base en la legislación, el principio de competencia está directamente asociado al éxito empresarial.

4.2. El Principio de Plena Competencia y su relación con los Precios de Transferencia

Como hemos visto durante el transcurso de este escrito, el Principio de Plena Competencia está estrechamente ligado a los Precios de Transferencia. No es posible analizar si una transacción, para propósitos fiscales, se llevó a cabo dentro de los términos de mercado, si no se analiza el cumplimiento con el Principio de Plena Competencia. Al respecto, el Instituto Mexicano de Contadores Públicos (2012) afirma lo siguiente:

> El Principio de Plena Competencia presupone que cuando dos empresas independientes llevan a cabo operaciones comerciales o financieras, las fuerzas del mercado determinarán los términos y condiciones que pacten. Antes de celebrar la operación, las empresas independientes compararán los términos y condiciones propuestos por su contratante contra las demás opciones viables que tenga y solamente llevará a cabo la transacción si la considera su mejor opción; es decir, bajo una racionalidad económica básica no celebraría una operación si tiene la posibilidad de realizar otra que le represente mayores beneficios.
>
> Por el contrario, cuando se trata de empresas relacionadas, encontramos que sus relaciones de negocios pueden no estar determinadas por las fuerzas del mercado; sino que, debido a la relación existente entre las partes, entran en juego factores adicionales que no se presentan en transacciones independientes.

Para estos casos, el Principio de Plena Competencia prevé la posibilidad de que se ajuste el precio o el nivel de rentabilidad (margen de utilidad) establecido por las partes, de manera que refleje un precio o nivel de rentabilidad que hubiesen pactado u obtenido (respectivamente) empresas independientes de haberse involucrado en una operación similar.

El ajuste al precio o nivel de rentabilidad solo deberá aplicarse para efectos de determinar el impuesto de las empresas asociadas, sin que se deba modificar la relación convenida entre las partes. (p. 8)

En otras palabras, el Principio de Plena Competencia, para propósitos de los Precios de Transferencia, establece que el valor de las transacciones entre partes vinculadas deben ser los mismos que aquellos que se hubiesen pactado entre partes independientes sujetas a las fuerzas del mercado. De lo contrario, se deberán ajustar las transacciones para propósitos del pago del impuesto sobre la renta aplicando lo establecido en el art. 100 de la Ley 822.

4.3. Características del Principio de Plena Competencia

Existen una serie de características del Principio de Plena Competencia que es oportuno abordar en este momento. Al respecto Barbosa (2005) propone que estas características están relacionadas con lo siguiente que resumo a continuación:

- El análisis y comparabilidad de la transacción: Se debe poder analizar la transacción y compararla con otra que se haya dado en un mercado abierto y conocido.

- Las características subjetivas: Aunque las transacciones de las partes vinculadas no deben ser iguales a las que se dan entre partes no vinculadas, deben presentar características idénticas o análogas que permitan su comparación.

- El reconocimiento de la transacción tal como fue legalmente estructurada y el acuerdo contractual privado: La administración tributaria deberá respetar la forma legal sobre la cual la transacción fue prevista; asimismo el precio debe considerar las obligaciones privadas de las partes.

- El mercado abierto: Es decir, que cualquier precio vinculado debe basarse en las condiciones del mercado y reflejar las prácticas comerciales corrientes. Sin embargo, este tema genera cierta controversia ya que no necesariamente se encuentra preestablecido en que circunstancias se puede asumir que se han satisfecho las condiciones de mercado abierto, más sí por ejemplo, existen condiciones especiales en el mercado como podrían derivarse de un monopolio.

- La disponibilidad de información de parte del contribuyente: Cuando la definición señala que hubieran sido pactadas entre partes independientes a precios conocidos, implica que la información debe ser accesible. Es decir que, el precio debe establecerse sobre la base de datos e información que estén ya disponibles o resulten accesibles al momento de la transacción.

- El análisis funcional: La determinación del precio prudente debe tomar en consideración las funciones realizadas por las empresas pertenecientes al mismo grupo económico.

- Implica el reconocimiento del criterio de contabilidad separada: La determinación del precio prudente debe tomar en consideración las funciones realizadas por las empresas pertenecientes al mismo grupo económico.

Este principio, para su aplicación, necesariamente debe partir de considerar a cada miembro del grupo multinacional como una empresa independiente mediante el criterio de contabilidad separada, gravando a cada empresa vinculada de acuerdo con la contabilidad en el Estado de residencia de la empresa vinculada.

4.4. Principio de Plena Competencia frente a algunos aspectos constitucionales

Para el caso de Nicaragua, el Principio de Plena Competencia se encuentra expresamente consagrado en la Constitución en el art. 99 y este debe ser estudiado en armonía con otros principios como son el principio de igualdad y equidad; el principio de libertad de empresa; y el principio de capacidad contributiva.

4.4.1. El principio de igualdad y el Principio de Plena Competencia

En Nicaragua el principio de igualdad está contemplado en la Constitución en el art. 27 donde se indica que «Todas las personas son iguales ante la ley y tienen derecho a igual protección. No habrá discriminación por motivos de nacimiento, nacionalidad, credo político, raza, sexo, idioma, religión, opinión, origen, posición económica o condición social » Cabe señalar, que este valor se menciona en otras partes de la Constitución (por ejemplo en el art. 34), por lo que como dice Balaguer (2015) «cabe en este sentido hablar de la igualdad como un valor superior del ordenamiento jurídico, junto con los valores de justicia, libertad y pluralismo político. Valores que informan el ordenamiento jurídico infraconstitucional, y que por tanto de alguna forma lo configuran». (p. 569)

Para propósitos de este escrito, cabe analizar el principio de igualdad ante el Principio de Plena Competencia. En este sentido, Barbosa (2005) propone que ambos principios son aplicables:

> (...) al contribuyente con operaciones vinculadas que el que reciben los demás contribuyentes con operaciones no vinculadas. Desde la óptica de la igualdad, este principio lo que propone es un trato igualitario entre empresas de un grupo económico trasnacional y empresas independientes, al considerar que es la forma de impedir que existan beneficios o perjuicios impositivos que otorguen posiciones competitivas. (p. 58)

Con base en lo anterior, podemos concluir que lo que se pretende con la aplicación de este principio es lograr un trato igualitario para las partes respetando su capacidad contributiva.

Lo anterior no significa que los contribuyentes, tanto los que llevan a cabo operaciones con partes vinculadas, como los que no las llevan a cabo, no son sujetos pasivos de sus impuestos, sino que ambos deben ser tratados en igualdad de condiciones eliminando posibles distorsiones aplicables a las transacciones, como por ejemplo las que puedan ser creadas por las diferencias de precios.

4.4.2. *El principio de libertad de empresa y el Principio de Plena Competencia*

Según Balaguer (2015), el principio de libre empresa se reconoce como parte de:

> (…) un marco de una economía de mercado, y determina que los poderes públicos garantizan y protegen su ejercicio y la defensa de la productividad. La libertad de empresa es una pieza esencial de la Constitución económica, que ha de ser entendida tanto en una dimensión institucional como de derecho subjetivo del empresario. (p. 542)

El Principio de Plena Competencia, según Barbosa (2005) no genera «solo consecuencias en el ámbito del derecho tributario, también genera efectos en otras áreas del derecho, por ejemplo, en el campo del derecho comercial, en todo lo referente a la libre competencia y a la iniciativa privada».

La Constitución señala en su art. 99 que el «Estado garantiza la libertad de empresa» y en ese mismo artículo también establece que el «Estado promoverá y tutelará la cultura de la libre y sana competencia entre los agentes económicos ». En concordancia con estos dos principios, el Código Civil en su art. 2437 consagra (bajo ciertos límites) la autonomía de la voluntad privada. En virtud de estos principios, la legislación de Precios de Transferencia no viene a imponer limitaciones en el actuar estratégico de las empresas (por ejemplo, limitaciones en el establecimiento de estrategias de precios) ni impide la celebración y contenido de los contratos. Cabe señalar la definición que presenta Herrera & Guzmán (2014) acerca de lo que es un contrato: «es negocio jurídico bilateral generador de obligaciones, cuya finalidad radica en el intercambio de prestaciones de carácter patrimonial entre dos o más sujetos de derecho que ponen de común sus intereses».

En relación con limitaciones que el Principio de Plena Competencia no puede imponer, Barbosa (2005) señala que:

> (…) el Principio de Plena Competencia no puede convertirse en una herramienta para limitar o impedir la libre competencia ni para restringir la actuación de las empresas multinacionales en el país. La administración tributaria no puede utilizar este principio para generar una posición más gravosa a las partes vinculadas.

> El poder tributario no se ha entregado al Estado para que, por fuera de una política tributaria fiscal razonable y seria, caprichosamente altere la posición de los particulares de un mercado, generando ventajas contingentes que explotan sus beneficiarios para imponerse sobre los competidores que pierden terreno sólo por no contar con el beneplácito político de las mayorías que definen las normas fiscales. (p. 59)

En el mismo sentido, Tipke (2002) menciona que el principio de igualdad:

> (…) exige un derecho tributario que no esté predestinado a permitir comportamientos estratégicos y, por tanto, que sea neutral ante las formas jurídicas y la competencia y, de este modo, sea capaz de vincular una misma consecuencia fiscal a idénticos hechos económicos. (p. 59)

En otras palabras, al aplicar la legislación en torno a los Precios de Transferencia es importante considerar que el Principio de Plena Competencia se debe limitar a permitir la libre competencia y no deberá convertirse en una herramienta que altere el libre mercado y sus participantes.

4.4.3. *El principio de capacidad contributiva y el Principio de Plena Competencia*

La Constitución señala en su artículo 114 las bases del principio de capacidad contributiva en cuanto afirman que el «Sistema Tributario debe tomar en consideración la distribución de la riqueza y de las rentas». Al respecto, Balladares (2009) afirma que:

> La capacidad contributiva hace referencia a la aptitud o idoneidad de cada uno de nosotros para cumplir con el deber de sufragio de los gastos públicos. Tal aptitud implica que, en el proceso de creación de riqueza bien sea a través de rentas

de trabajo, o de capital, el Estado no podrá gravar aquella riqueza necesaria para la cobertura de las necesidades del contribuyente y dependientes a su cargo que sean necesarios para el goce de una vida digna. (p. 73)

En otras palabras, en lo aplicable al sector privado, el Estado no puede exigir más allá del impuesto aplicable al margen entre la riqueza generada y los costos y gastos necesarios para producir y operar. Asimismo, no se le puede «exigir más de aquello con lo que la ley ha querido que coadyuve a las cargas públicas de la nación.» (Barbosa, 2008). Esto representa un reto al momento de la aplicación de los Precios de Transferencia, en vista que se estará grabando, con base en estudios, riqueza que fue virtualmente generada, más no contablemente. Es por lo anterior, que las empresas para la cual aplicará la legislación de Precios de Transferencia deberán establecer una contabilidad paralela para propósitos de presentación de las declaraciones fiscales correspondientes, así como el respectivo pago.

En relación con el Principio de Plena Competencia, este viene a ser un mecanismo de nivelación, ya que aunque todos los contribuyentes son iguales ante la ley, existen desigualdades que deben ser corregidas para llevar a una verdadera justicia tributaria en virtud de la capacidad contributiva de cada persona (natural o jurídica).

4.5. Finalidad del Principio de Plena Competencia

De lo anteriormente expresado podemos resumir que la finalidad del Principio de Plena Competencia en torno a los Precios de Transferencia es buscar la paridad en las transacciones entre empresas para que cada una de estas declare y pague los impuestos que les corresponda, en el territorio que les corresponda y además que permita evitar distorsiones en el mercado producto de precios que puedan ser manipulados para fines fiscales.

Adicionalmente, el Principio de Plena Competencia, tal y como está establecido en la Constitución, debe ser analizado en conjunto con el principio de igualdad, el principio de libertad de empresa y el principio de capacidad contributiva.

5. Los estudios para los Precios de Transferencia y los métodos para aplicar el Principio de Plena Competencia

5.1. Requisitos formales de documentación

Ya hemos presentado el origen de los Precios de Transferencia dentro del fenómeno de la globalización. También hemos hecho una breve introducción a los impuestos en Nicaragua, incluyendo lo correspondiente a los Precios de Transferencia y su relación con principios constitucionales como la libre competencia y la libertad de empresa. También hemos presentado el por qué son importantes los Precios de Transferencia en el mundo actual y qué impactos tiene sobre las empresas miembros de un grupo empresarial (partes vinculadas). Ahora corresponde finalizar presentando los distintos requisitos y metodologías requeridas por la Ley 822 para soportar las transacciones dentro que se llevan a cabo en cumplimiento con el Principio de Plena Competencia.

Cabe señalar, que aunque la Ley 822 brinda lineamientos en cuanto a los requisitos formales de documentación y metodologías a utilizar, la información relevante debe ser preparada por cada empresa en dependencia de los hechos y circunstancias específicas. A continuación proponemos la información que como mínimo debe ser elaborada por cada empresa a la que le aplique la normativa relacionada con Precios de Transferencia para cumplir con lo dispuesto en la Ley 822:

5.1.1. Información de tipo general

Cada empresa debe iniciar por analizar y documentar la siguiente información:

1) Información sobre partes vinculadas involucradas en las transacciones controladas
2) Transacciones sujetas a análisis
3) Funciones realizadas
4) Activos utilizados
5) Riesgos asumidos
6) Situación de la industria
7) Información sobre empresas independientes que realicen transacciones similares o realicen la misma actividad económica
8) Descripción de circunstancias específicas de transacciones comparables no controladas
9) Información sobre precios, incluyendo estrategias de negocio y otras circunstancias especiales que afecten la transacción así como cualesquiera factores adicionales que hayan afectado la determinación de los precios o las políticas intercompañía.
10) Otros factores, tales como:
    a. Naturaleza y términos de la transacción
    b. Condiciones económicas y propiedad involucrada
    c. Cambios en las condiciones negociadas o renegociaciones de acuerdos existentes

5.1.2. Información de tipo específica

Por su parte, el art. 105 de la Ley 822 establece una serie de información específica (que resumimos) que debe proporcionar la empresa, como se indica a continuación:

- Descripción general de la estructura organizativa, jurídica y operativa del Grupo.

- Descripción general de la naturaleza e importe de las operaciones del Grupo que afecten al contribuyente.

- Descripción general de las funciones y riesgos de las empresas del Grupo en cuanto queden afectadas por las operaciones realizadas con el contribuyente.

- Descripción de la política del Grupo en materia de Precios de Transferencias.

- Una relación de la titularidad de las patentes, marcas, nombres comerciales y demás activos intangibles en cuanto afecten al contribuyente.

- Relación de los contratos de servicios entre partes vinculadas.

- Informe anual del Grupo.

En adición, el art. 106 de la Ley 822 establece información obligatoria que presentamos a continuación:

- Identificación completa del contribuyente y de las partes vinculadas.

- Descripción detallada de la naturaleza, características e importe de sus transacciones con partes vinculadas.

- Análisis de comparabilidad detallado.

- Motivos de elección del método de Precios de Transferencia y rango de valores de mercado obtenido.

Como se puede apreciar en las listas anteriores, los requerimientos de información son extensos, muchos de ellos constituyen información confidencial e inclusive de naturaleza de estrategia competitiva que de ser administrada sin los debidos cuidados podría causar daños a la empresa y en consecuencia al Grupo. Otro aspecto que se menciona al final de la lista es sobre el método de Precios de Transferencia electo. A continuación, algunas referencias a los métodos aceptados en Nicaragua y que tienen por objetivo lograr que las transacciones se reflejen en concordancia con el Principio de Plena Competencia.

5.2. Componentes de los estudios de Precios de Transferencia

Antes de abordar los tipos de estudio de Precios de Transferencia es importante aclarar dos conceptos necesarios para la elaboración de estos estudios. Estos son:

- Análisis funcional
- Análisis económico

5.2.1. Análisis funcional

Según De Mária (2008) se conoce como análisis funcional al:

> análisis de las funciones que desempeña, los activos que posee y los riesgos en los que incurre un contribuyente. En las Guías de la OCDE es conocido con este nombre y lo describen como un análisis de las funciones realizadas por partes relacionadas en transacciones controladas y por partes independientes en transacciones comparables no controladas, tomando en consideración los activos utilizados y los riesgos asumidos. Se entiende por transacciones controladas, las realizadas entre partes relacionadas y transacciones no controladas, las efectuadas con un tercero independiente. (p. 70)

De Mária (2008) también hace énfasis en la suma importancia de este análisis para propósitos de todo el estudio de los Precios de Transferencia, como se presenta a continuación:

> El análisis funcional es la columna vertebral de todo análisis de Precios de Transferencia, ya que con base en este se llevarán a cabo los demás procesos del análisis. Dichos procesos son, entre otros: identificar la empresa involucrada en la

operación a la que se le aplicará el método de Precios de Transferencia; el tipo de comparables que se deberán buscar; selección del método aplicable; los posibles ajustes a la información de la empresa analizada y/o a la de los comparables, y la interpretación de resultados. (p. 70)

Los objetivos del análisis funcional son los siguientes:

- Identificación de las funciones realizadas por cada entidad involucrada en la transacción analizada. (Análisis de funciones).

- Identificación de los activos utilizados por cada entidad que estén relacionados con la transacción entre partes vinculadas bajo análisis. (Análisis de activos).

- Identificación de los riesgos asumidos por cada una de las entidades involucradas en la transacción bajo análisis. (Análisis de riesgos).

5.2.1.1. Términos contractuales

Finalmente, cabe estudiar la aplicación del principio de «sustancia sobre forma» que presenta De Mária (2008) al referirse al contenido de los contratos para propósitos de Precios de Transferencia:

Cuando se llevan a cabo operaciones entre partes relacionadas, es común que dichas operaciones estén soportadas por un contrato. En estos contratos, se puede observar cuáles son las funciones que cada parte involucrada en la operación debe llevar a cabo, así como las condiciones y especificaciones en que se pactaron las mismas.

No obstante lo anterior, pueden darse situaciones en las cuales las operaciones entre partes relacionadas, se lleven a cabo bajo circunstancias distintas a las estipuladas en el contrato. De aquí se deriva la importancia del análisis funcional, a efecto de evaluar si la situación real está acorde a lo estipulado en el contrato, ya que en el supuesto de una revisión por parte de las autoridades fiscales, predominará la situación real sobre la contractual. (p. 82)

En este sentido, existirán contratos «típicos y atípicos» cuyo contenido no constituirá prueba si estos no vienen acompañados de sus respectivos análisis funcionales en vista de que prevalecerá la sustancia sobre la forma. En adición, la Autoridad Tributaria, se reserva el derecho (artículo 97 de la Ley 822) de «efectuar los ajustes correspondientes cuando la valoración acordada entre las partes resultare en una menor tributación en el país o un diferimiento en el pago del impuesto».

5.2.2. Análisis económico

Según Cruz (2016) el objetivo principal del análisis económico en un estudio de Precios de Transferencia es:

> (…) determinar si los precios derivados de transacciones con entidades relacionadas se encuentran pactados a valores de mercado. Por tanto, la correcta realización del análisis económico es trascendental para dar validez a toda la documentación comprobatoria en materia de Precios de Transferencia. (p. A25)

Con el análisis económico se pretende alcanzar los siguientes resultados:

- Selección y aplicación del método de Precios de Transferencia apropiado.

- Selección del indicador financiero – *profit level indicator* (PLI).

- Análisis de comparabilidad y selección de comparables.

- Ajustes de capital de trabajo para incrementar la comparabilidad (términos de venta, compra, tenencia de inventarios y posesión de propiedad, planta y equipo).

- Concluir y documentar los resultados del análisis económico.

Como parte del análisis económico se debe determinar cuál de los métodos es el que se utilizará para propósitos de la determinación de los Precios de Transferencia. A continuación, presentamos los cinco métodos contemplados en la Ley 822, así como una breve explicación de la metodología para su aplicación en concordancia con el Principio de Plena Competencia.

5.3. Métodos aplicables para la elaboración de estudios de Precios de Transferencia aplicando el Principio de Plena Competencia

Existen 5 (cinco) métodos que puede utilizar la entidad en materia de Precios de Transferencia para la elaboración del análisis económico tal y como lo establece la Ley 822 en su art. 100, y que deben ser debidamente sustentados. Estos métodos son:

1) Método de precio comparable no controlado
2) Método de costo adicionado
3) Método de reventa
4) Método de la participación de utilidades
5) Método del margen neto de la transacción

Cuando alguno de los 3 (tres) primeros métodos anteriormente mencionados no sean aplicables, se podrá utilizar un cuarto método, el de la «participación de utilidades», y en el caso de que no aplique ninguno de los cuatro métodos anteriores, se puede utilizar como quinto método el de «margen neto de la transacción». Todos estos métodos, en mayor o menor grado, aplican datos de mercado comparables combinados, en algunos casos, con información interna. La Ley 822 en su artículo 100, también hace énfasis en la necesidad de la aplicación del «método más adecuado que respete el principio de libre competencia».

5.3.1. Método de precio comparable no controlado

Consiste en valorar el precio del bien o del servicio en una operación entre personas relacionadas al precio del bien o servicio idéntico o de características similares en una operación entre personas independientes en circunstancias comparables, efectuando las correcciones necesarias si fuera necesario para obtener la equivalencia.

Este método requiere la identificación de transacciones comparables celebradas entre terceros y constituye la forma más directa y confiable para probar el cumplimiento del principio de libre competencia de las transacciones efectuadas con partes vinculadas.

Este método, sin embargo, requiere de un alto nivel de comparabilidad de los productos/servicios y funciones y solo se aplica si los productos iguales o semejantes que se compran o venden a partes vinculadas también son comprados o vendidos a partes no relacionadas bajo las mismas condiciones o si, a pesar de que existan diferencias, estas son mínimas o fácilmente cuantificables.

Algunos requisitos para aplicar el método de precio comparable no controlado son los siguientes:

- El producto/servicio debe ser el mismo (por ejemplo, características y cantidad)

- Los vendedores deben de estar en el mismo mercado (o similar)

- Los compradores deben de estar en el mismo nivel de mercado

- Las transacciones deben de ocurrir en el mismo periodo de tiempo

- Las transacciones deben de tener lugar durante la misma etapa del proceso de manufactura o distribución

- Las transacciones deben de ocurrir bajo condiciones o similares

5.3.2. Método de costo adicionado

Consiste en incrementar el valor de adquisición o costo de producción de un bien o servicio en el margen habitual que obtenga el contribuyente en operaciones idénticas o similares con personas o entidades independientes o, en su defecto, en el margen que personas o entidades independientes aplican en operaciones comparables efectuando, si fuera preciso, las correcciones necesarias para obtener la equivalencia. Lo anterior, considerando las particularidades de la operación. Se considera margen habitual el porcentaje que represente la utilidad bruta respecto de los costos de venta.

<u>Utilidad bruta</u>
Costo de ventas

El punto de partida es el costo incurrido por un proveedor de bienes o de servicios en una transacción con partes vinculadas. Se añade a este costo un margen de ganancia sobre costos adecuado con el objeto de obtener una rentabilidad acorde con las funciones realizadas y las condiciones del mercado. El importe que se obtiene después de añadirle al costo incurrido el margen de ganancia sobre costos adecuado puede considerarse como un precio que cumple con el principio de libre competencia de la transacción controlada original.

5.3.3. Método de precio de reventa

Consiste en sustraer el precio de venta de un bien o servicio el margen que aplica el propio revendedor en operaciones idénticas o similares con personas o entidades independientes o, en su defecto, el margen que personas o entidades independientes aplica a operaciones comparables, efectuando, si fuera preciso, las correcciones necesarias para obtener la equivalencia considerando las particularidades de la operación. Se considera margen habitual el porcentaje que represente la utilidad bruta con respecto a las ventas netas.

El porcentaje de utilidad bruta se calcula como sigue:

<u>Utilidad bruta</u>
Ventas netas

Mide el valor de las funciones desarrolladas y generalmente resulta aplicable en aquellas transacciones que involucran la compra y posterior reventa de bienes tangibles.

No suele utilizarse en aquellos casos en los que el revendedor utiliza propiedad intangible para añadir valor a los bienes tangibles y se utiliza con mayor frecuencia para los distribuidores que revenden productos sin alterarlos físicamente o agregarles valor.

Parte del precio al cual un producto que ha sido comprado de una parte vinculada es revendido a un tercero no relacionado. De este precio de reventa se sustrae un margen bruto de utilidad que representa el importe a partir del cual el revendedor tratará de cubrir sus gastos de operación y, teniendo en cuenta las funciones desarrolladas, activos usados y riesgos asumidos, obtener alguna utilidad.

Requiere menos ajustes de los que normalmente se necesitarían en el Método de Precio Comparable para tener en cuenta diferencias en el producto debido a que, normalmente, pequeñas diferencias en el producto suelen tener menor efecto en el margen bruto del que tienen en el precio.

5.3.4. *Método de la participación de utilidades*

Consiste en asignar la utilidad de operación obtenida por sujetos relacionados, en la proporción que hubiera sido asignada con o entre sujetos independientes. Suele aplicarse a transacciones muy interrelacionadas que no puedan evaluarse independientemente. Bajo condiciones semejantes, podría esperarse que terceras partes no relacionadas establezcan un contrato de sociedad o de asociación en participación.

El proceso de aplicación es el siguiente:

- Comienza al determinar la utilidad o pérdida de operación global o combinada de todas las partes vinculadas involucradas en las transacciones sujetas a análisis. § Esta utilidad o pérdida representa la utilidad o pérdida total que debe ser asignada.

- La utilidad se divide con base en hechos y circunstancias de las transacciones, las cuales podrían incluir criterios tales como activos, costos y riesgos de las partes respectivas.

Una asignación de utilidades confiable no necesariamente requiere que se realicen comparaciones a las transacciones comparables con partes no relacionadas. La confiabilidad de este método es especialmente sensible a la calidad de los datos y supuestos utilizados.

5.3.5. *Método del margen neto de la transacción*

Evalúa la utilidad de operación relativa a una base pertinente, (por ejemplo, costos, ventas, gastos o activos) que obtiene el contribuyente en una transacción con partes vinculadas. También compara la utilidad de operación de una transacción con partes vinculadas con la de transacciones comparables con partes no relacionadas.

En la mayoría de los casos, la parte vinculada que va a ser evaluada no deberá poseer propiedad intangible o activos únicos que la distingan de entidades comparables no relacionadas.

Se requiere menos comparabilidad funcional y menos similitud de productos para obtener resultados confiables que bajo los métodos transaccionales tradicionales presentados anteriormente.

Cabe destacar, que el margen neto se calculará sobre costos, ventas, o la variable que resulte más adecuada en función de las características de la transacción.

5.4. Recomendaciones para la elaboración de estudios de Precios de Transferencia

Como parte de los primeros pasos que debe llevar a cabo una entidad durante el proceso de elaboración de sus estudios de Precios de Transferencia son los siguientes:

- Identificar las partes vinculadas con base en la definición de la Ley 822.

- Preparar un inventario de operaciones entre partes vinculadas.

- Contratos intercompañía: Recabar, actualizar o preparar considerando el principio de «sustancia sobre forma».

- Identificar otros estudios de Precios de Transferencia elaborados dentro del Grupo empresarial en otros países, preferiblemente similares.

- Análisis previo, adaptación o establecimiento de políticas de Precios de Transferencia.

- Aplicar ajustes a la contabilidad para propósitos fiscales. No ajustar la contabilidad para propósitos financieros.

5.5. ¿Por qué es importante llevar a cabo estudios de Precios de Transferencia?

Dejando a un lado el hecho de que la entidad que incumpla con lo dispuesto en la Ley 822 en torno a Precios de Transferencia será sujeta a multas, existen beneficios de llevar a cabo estudios de Precios de Transferencia. Ahora bien, el mayor éxito del proceso de Precios de Transferencia proviene de capitalizar las ventajas y desafíos de enrumbar el negocio pensando en el mundo como un mercado único. En adición a lo anterior, consideramos como beneficios los siguientes:

- Se sustenta el cumplimiento con el principio de libre competencia requerido por las Autoridades Fiscales.

- Es un medio de defensa ante las Autoridades Fiscales para soportar los gastos como deducibles.

- Otorga una visión más amplia de la situación financiera con respecto a las transacciones celebradas entre partes vinculadas, y de esta forma las organizaciones pueden tener el control de los Precios de Transferencia.

- Promueve la determinación de estrategias de negocios que permitan mayor eficiencia en cuanto a implementación de recursos, rentabilidad, planificaciones fiscales y financieras.

- Permite establecer de la mejor forma la estructura del modelo de negocio de operaciones entre partes vinculadas, no solo desde la perspectiva de una empresa sino de un grupo económico internacional.

Resultados y aportes

1. El Principio de Plena Competencia constituye el centro y raíz de la legislación en torno a los Precios de Transferencia. Por lo anterior, en todo momento se debe observar disciplinadamente todo lo dispuesto en la regulación aplicable a competencia, así como sus efectos directos en los estudios, documentos soportes y contratos que se elaboren como evidencia de la sustancia de las transacciones entre las partes vinculadas para propósitos de Precios de Transferencia.

2. La globalización es un fenómeno que no debe entenderse únicamente como de tipo económico. Debe analizarse de distintas aristas incluyendo la jurídica, particularmente en Nicaragua por ser el país con el mayor grado de globalización en la región centroamericana.

3. Tanto la Constitución Política como el Código Civil de Nicaragua establecen principios de Orden Público Económico sin que esto signifique que se abandonen principios de libertad de empresa, derecho a la propiedad privada y libertad económica requeridos por la globalización.

4. Los Precios de Transferencia son producto de la globalización. Estos no deben entenderse únicamente como una carga administrativa adicional para las empresas o como una legislación que afecta el nivel

de competitividad del país. Debe ser analizado considerando que la aplicación de su legislación es actualmente la regulación fiscal más importante a nivel mundial, ya que como menciona la Organización de Naciones Unidas más del 60 % de las transacciones a nivel global se llevan a cabo entre partes vinculadas.

5. Los estudios de Precios de Transferencia y la información y documentación que estos generan representan una oportunidad para reducir el riesgo fiscal de las partes vinculadas al estar sus operaciones mejor soportadas.

6. Las empresas deben contar con políticas claras de Precios de Transferencia que incluyan no únicamente aspectos financieros y económicos, sino también de tipo legal en vista de que las transacciones quedan documentadas en contratos que son la evidencia que sustenta las transacciones económicas y financieras.

7. La empresa debe mantenerse siempre actualizada con información de industrias y mercados. Los estudios de Precios de Transferencia deben actualizarse por lo menos una vez al año o cuando existan cambios importantes en las circunstancias o en el medio.

8. En Nicaragua, y en general en América Latina, no es sencillo obtener información de industrias y mercados para elaborar los estudios de Precios de Transferencia. Por lo anterior, se debe adquirir acceso a bases de datos

internacionales que puedan proporcionar información que sirva como *benchmark* y multiplicadores de mercado para soportar los análisis de las transacciones financieras y económicas entre partes vinculadas. Estos datos deben ser ajustados por riesgo de país e industria al momento de ser utilizado en los estudios.

9. Siempre se debe siempre tener una actitud preventiva ante la Autoridad. Cooperar durante las auditorías fiscales y prever disputas. En caso de desacuerdos la empresa se debe asesorar con profesionales con experiencia holística en el tema de Precios de Transferencia.

10. Para la Autoridad se debe considerar el principio de sencillez administrativa que menciona que la aplicación de un impuesto debe ser de fácil manejo y de barata gestión. Es inútil, por ejemplo, la existencia de un impuesto cuya administración resultara más costosa que su propia generación de ingresos. Toda complejidad legal o burocrática de los sistemas tributarios constituye la antítesis de este principio. La aplicación de los Precios de Transferencia por su complejidad puede resultar, al inicio más caro que sus beneficios, pero con el tiempo los beneficios sobrepasarán sus costos, en vista de que servirán para reducir posibles contingencias fiscales.

11. Uno de los mayores retos será lograr una integración entre múltiples profesiones que intervienen en la elaboración de los estudios de Precios de Transferencia.

Estas profesiones abarcan, entre otras, el derecho, la contabilidad, las finanzas y la economía. Para lograr sinergias entre todas estas áreas se sugiere asignar a un miembro con capacidades de liderazgo y de administración de proyectos para que sea el responsable del equipo. Se deberá, además, contar con un plan de capacitación para mantener al personal actualizado en todo lo relacionado a Precios de Transferencia.

12. Como hemos visto anteriormente, existen muchos retos producto de la aplicación de los Precios de Transferencia y que tendrán que ser enfrentados por las entidades del sector privado. Para enfrentar estos retos se hace necesario lo siguiente:

- Contratación de personal especializado en temas fiscales, legales, contables, económicos y financieros que puedan preparar la información necesaria para cumplir con la normativa de Precios de Transferencia.

- Contratación de personal experto en la industria en la que se desenvuelven las operaciones.

- Inversión en capacitación al personal involucrado en el proceso de elaboración de los estudios de Precios de Transferencia.

- Lograr que exista un equipo de trabajo coordinado y multidisciplinario compuesto por abogados, economistas, financieros y contadores (entre otros) que sean especialistas en el tema de Precios de Transferencia y puedan homologar la información, especialmente desde una perspectiva de sustancia sobre forma, contenida en los contratos que soportarán las transacciones de Precios de Transferencia.

- Inversión en *software* y *hardware* para procesar modelos económicos para soportar los datos de determinación de los Precios de Transferencia.

- Fortalecimiento de los sistemas de información financiero-contable para que puedan generar reportes específicos y razonables para propósitos fiscales y financieros relacionados con Precios de Transferencia.

- Inversión en adquisición de bases de datos de mercado que sirvan como *benchmark* y que también incluyan multiplicadores de mercado que justifiquen el cumplimiento con el principio de libre competencia.

- Inversión para actualizar y mantener siempre actualizadas las políticas y procedimientos en torno a Precios de Transferencia.

ANEXO A - Principales temas que la Organización para la Cooperación y el Desarrollo Económico aborda en sus directrices en torno a los Precios de Transferencia

- Capítulo I. En este capítulo aborda el Principio de Plena Competencia y brinda una guía para la aplicación de este principio.

- Capítulo II. En este capítulo abordan métodos tradicionales basados en las operaciones de las organizaciones. Este capítulo se subdivide en tres partes:
  o Parte I: Selección del método de determinación de los Precios de Transferencia
  o Parte II: Métodos tradicionales basados en las operaciones
  o Parte III: Métodos basados en el resultado de las operaciones

- Capítulo III. En este capítulo se brindan herramientas acerca de cómo llevar a cabo un análisis de comparabilidad. Aborda los siguientes puntos: Desarrollo de un análisis de comparabilidad o Marco temporal y comparabilidad o Cuestiones de cumplimiento

- Capítulo IV. En este capítulo la Organización para la Cooperación y el Desarrollo Económico brinda gruías sobre los procedimientos administrativos destinados a evitar y resolver las controversias en

materia de Precios de Transferencia. Los apartados que se abordan en este capítulo son los siguientes:
- o Introducción
- o Prácticas para la aplicación del régimen de Precios de Transferencia o El ajuste correlativo y el procedimiento amistoso: artículos 9 y 25 del Modelo de Convenio Tributario de la Organización para la Cooperación y el Desarrollo Económico
- o Inspecciones tributarias simultáneas o Régimen de protección (*safe harbours*)
- o Acuerdos previos sobre valoración de Precios de Transferencia
- o Arbitraje

- Capítulo V. Se aborda lo relación con la documentación relacionada con los Precios de Transferencia. De manera particular se proporcionan guías en torno a lo siguiente:
  - o Introducción
  - o Criterios sobre normas y procedimientos de documentación
  - o Información útil para determinar los Precios de Transferencia
  - o Resumen de las recomendaciones sobre documentación

- Capítulo VI. En este capítulo se mencionan consideraciones específicas aplicables a los activos intangibles. Los temas que se abordan se presentan a continuación:

o Introducción o Intangibles comerciales

o Aplicación del Principio de Plena Competencia

o Actividades de comercialización realizadas por empresas que son propietarias de una marca comercial o de un nombre comercial

- Capítulo VII. En este capítulo se abordan cuestiones de aplicación específica a los servicios intragrupo o intercompañías, como se presenta a continuación:

o Introducción

o Principales problemas

o Algunos ejemplos de servicios intragrupo o intercompañías

- Capítulo VIII. En este capítulo se establecen las bases sobre los acuerdos de repartos de costes. Los temas abordados son los siguientes:

o Introducción

o Concepto de Acuerdo de Reparto de Costes

o Aplicación del Principio de Plena Competencia

o Consecuencias fiscales de la no conformidad de un Acuerdo de Reparto de Costes con el Principio de Plena Competencia o Acuerdo de Reparto de Costes: adhesión, retirada o rescisión

o Recomendaciones para la estructuración y la documentación de los Acuerdo de Reparto de Costes

- Capítulo IX. En este capítulo, la Organización para la Cooperación y el Desarrollo Económico aborda el tema de la reestructuración de empresas y los Precios de Transferencia. Los temas abordados son los siguientes:
  o Introducción
  o Ámbito
  o Aplicación del artículo 9 del Modelo de Convenio Tributario de la Organización para la Cooperación y el Desarrollo Económico y de estas directrices a las reestructuraciones de empresas: marco teórico
  o Parte I. Consideraciones específicas en materia de riesgo
    - Introducción
    - Términos contractuales
    - Cuestiones de cumplimiento

  o Parte II. Compensación de plena competencia por la propia reestructuración
    - Introducción
    - Comprender la propia reestructuración
    - Redistribución del beneficio potencial como consecuencia de la reestructuración empresarial
    - Transferencia de un elemento de valor (por ejemplo, un activo o una actividad en desarrollo)

- Indemnización de la entidad reestructurada por la terminación o renegociación sustancial de los acuerdos existentes

o Parte III. Remuneración de las operaciones vinculadas ulteriores a la reestructuración

- Reestructuraciones frente a «estructuración» empresarial
- Aplicación a situaciones de reestructuraciones de empresa: selección y aplicación de un método de determinación de Precios de Transferencia a las operaciones vinculadas posteriores a una reestructuración.
- Relación entre la indemnización por la reestructuración y la compensación de las operaciones que siguen a la reestructuración.
- Comparación de las situaciones que preceden y siguen a la reestructuración.
- Economías de localización

Lista de referencias

Acevedo, A. (2011). *Hacia un sistema tributario con mayor justicia y equidad. Análisis del sistema tributario nicaragüense y propuestas para su transformación.* Managua, Nicaragua: EDISA.

Álvarez, G. (2016). Entrevista sobre Reformas Constituciones y Plena Competencia. Entrevista realizada por Alfredo Artiles. Managua.

Asamblea Nacional – Constitución Política de la República de Nicaragua con sus Reformas Incorporadas. Publicada en La Gaceta Diario Oficial No. 32, de 18 de febrero de 2014. Nicaragua.

Asamblea Nacional. (2012). Ley No. 822. Ley de Concertación Tributaria. Publicada en La Gaceta Diario Oficial No. 241, de 17 de diciembre de 2012. Nicaragua.

Asamblea Nacional. (2015). Ley No. 922. Ley de Reforma a la Ley No. 822, Ley de Concertación Tributaria. Publicada en La Gaceta Diario Oficial No. 240, de 17 de diciembre de 2015. Nicaragua.

Báez Cortés, J. F., Báez Cortés, T. (2011). *Todo sobre impuestos en Nicaragua.* Managua: Hispamer.

Balladares, R. (2009). La Justicia Tributaria y sus principios en la Constitución de la República de Nicaragua. En Balladares, R. (Dirección), Análisis Jurídico del Sistema Tributario: Propuestas para su reforma en Nicaragua (pp.61-86). Managua: Impresiones Helio, S. A.

Barbosa, J. (2005). El régimen de Precios de Transferencia en Colombia - Un análisis de su desarrollo, del Principio de Plena Competencia y de la vinculación económica. Pontificia Universidad Javeriana. Colombia.

Beck, T. & Lin, C. (2014). Why Do Firms Evade Taxes? The Role of Information Sharing and Financial Sector Outreach. *The Journal of Finance,* Volumen LXIX, 763-817.

Borinsky, M. (2013). *Fraude fiscal.* Buenos Aires, Argentina: Ediciones Didot.

Burton, H. & Karlinsky, S. (2005). Perception of a White–Collar Crime: Tax Evasion. *The ATA Journal of Legal Tax Research,* Volumen 3, Número 1, 35-48.

Cámara, G., Balaguer, M. & Montilla, J. (2015). Introducción al Derecho Constitucional. En Balaguer, F. (Coordinador). Madrid: Editorial Tecnos.

Cruz, J. (2016). Análisis económico de Precios de Transferencia. ¿Cómo identificar si está correctamente elaborado? Práctica Fiscal, (794), Recuperado de: http://vlex.com/source/2271

De Mária, G. (2008). Análisis de funciones, activos y riesgos. En Trejo, J. (Coordinador Editorial), Precios de Transferencia. Marco teórico, jurídico y práctico (pp. 70-83). Recuperado de: http://vlex.com/source/5283

Díez-Picazo, L. (2007). Fundamentos del Derecho Civil Patrimonial. Navarra: Editorial Aranzadi, S. A.

Drucker, P. (1958). Business Objectives and Survival Needs: Notes on a Discipline of Business Enterprise. *The Journal of Business, 31* (2), 81-90. Recuperado de: http://www.jstor.org/stable/2350590

El Senado y la Cámara de Diputados de la República de Nicaragua. (1914). Código Civil de la República de Nicaragua. Decreto Publicado en la Gaceta Diario Oficial No. 248, de 30 de octubre de 1916. Nicaragua.

Guirado, J. A. (2015). *Gestión fiscal en la empresa.* Madrid: Wolters Kluwer España, S. A.

Herrera, J. & Guzmán, J. (2014). Contratos civiles y mercantiles (3ra. Edición revisada, ampliada y puesta al día). Managua: Inversiones Bolonia Printing, S. A.

Herrera, J. (2008). Derecho de la competencia. Barcelona: Ediciones Ariel, S. A.

Herrera, J. (2009). Régimen jurídico actual del impuesto sobre la renta en Nicaragua y desigualdad social. En Balladares, R. (Dirección), Análisis Jurídico del Sistema Tributario: Propuestas para su reforma en Nicaragua (pp.187-213). Managua: Impresiones Helio, S. A.

Instituto Mexicano de Contadores Públicos (2012). Antecedentes y mecánica para desarrollar un estudio de Precios de Transferencia. Recuperado de: http://www.vlex.com/source/7121

KPMG (2016). Precios de Transferencia: Impacto en las organizaciones. Managua, Nicaragua.

Kuhlen, L. (2015). *Cuestiones fundamentales del delito de fraude fiscal*. Madrid: Ediciones Jurídicas y Sociales, S. A.

Martínez González-Tablas, A. (2005). Economía de la globalización. *Anuario de la Facultad de Derecho*. (17-39).

Méndez, H. (2012). *Derecho tributario. Análisis Jurídico de los Elementos del Impuesto sobre la Renta en Nicaragua*. Managua, Nicaragua: BITECSA.

Mozo, B. (2008). Alcances del concepto partes relacionadas. En Trejo, J. (Coordinador Editorial), Precios de

Transferencia. Marco teórico, jurídico y práctico (pp. 56-69). Recuperado de: http://vlex.com/source/5283

Organización para la Cooperación y el Desarrollo Económico (2015). Mejores políticas para una vida mejor. Tomado de: www.oecd.org/centrodemexico/publicaciones/OCDE%202015_Esp.pdf

Organización para la Cooperación y el Desarrollo Económico (2010). Directrices de la OECD aplicables en materia de Precios de Transferencia a multinacionales y administraciones tributarias 2010. Tomado de: http://www.oecd-ilibrary.org/taxation/directrices-de-la-ocde-aplicables-en-materia-de-precios-detransferencia-a-empresas-multinacionales-y-administraciones-tributarias 2010_9789264202191-es

Orúe, J. (2008). *Derecho de competencia: Una introducción.* Managua, Nicaragua: Lea Grupo Editorial

Pronicaragua (2016). Nicaragua in figures. Macroeconomic information. Recuperado de: http://pronicaragua.gob.ni/

Rincón Salcedo, J. (2008). La globalización y el derecho: la necesaria aplicación de un pluralismo jurídico real. *Polegómenos. Derechos y Valores.* Vol. XI, número 22, (45-55).

Smith, A. (1776). *The Wealth of Nations.* Estados Unidos de América: Mass Market Paperback.

Tipke, K. (2002). *Los principios constitucionales del derecho tributario.* Colombia: Instituto Colombiano de Derecho Tributario.

Vela, J. (2008). Comparabilidad. En Trejo, J. (Coordinador Editorial), Precios de Transferencia. Marco teórico, jurídico y práctico (p. 84-93). Recuperado de: http://vlex.com/source/5283